Milutin Petrović IZBOR

REČ I MISAO
KNJIGA 585

Urednik
JOVICA AĆIN

© *Milutin Petrović* – 2007

MILUTIN PETROVIĆ

IZBOR

IZDAVAČKO PREUZEĆE "RAD"
BEOGRAD

Glava na panju

DA LI BI MOGAO NEKO DRUGI UMESTO MENE, DA MENE NIJE

Moja soba ima jednu
perspektivu Doduše neredovno
stojim u vratima
Da je posmatram
Da li bih našao zamenu Ali
takvih časova ima
U dubinu Određenim kanalima
kreću se predmeti
     Ništa
nije shvatala Kad sam
o tome govorio
Zbrda zdola su te
priče Odgovarala je
Šireći napuderisano lice
iz moje postelje

Stajao bih češće
u vratima moje sobe
Predmeti se kreću
naniže U dubinu
Nanizani

LABUD GLEDA, GLAVU NE POMERA

Posmatrao sam labuda
dok je svitalo U daljini
Beleo se Prošlo je
njegovo
        Ali ja imam lek
Prikucaću ga na daske
Krila polomiti Crneo se
On zna Ne mogu to
da mu učinim
On grdno se vara Kad
pačjim kljunom
pokazuje svoju saglasnost
Lagao sam te Labude
Labude Labude
Kad sam pominjao daske
Imam ja nešto drugo
za poslednje dane takvih
ptičurina
Oblak ti nad glavom
stoji   Ne pomerajućom

MOJ DOBRI MIŠ

Moj dobri miš
čeka me svakog
jutra Na istom
mestu   Samo
pretrči mlečnu
putanju   Moj
dobri miš

PONOVO, ON

Niko drugi nije
viđao tog miša Koji
pretrčava stazu
između dva zelena parka
Živeo sam u njemu
nekoliko časova
I jasno mi je   Zašto
on prelazi
iz jednog u drugo leglo
                        Najviše je u
tom događaju bila
njegova strast Koja mu
izbija iz očiju pri kretanju

GLEDAO SAM KRETANJE NEBESKOG SVODA

Ukočenih mišića   Gledao sam
kretanje nebeskog svoda
Izlaza nije bilo u šipražje
Opuštenog reka bi me odnela u
neki drugi svet   Potonuti
Sanjao sam taj san godinama
Bio sam   I blagi osmeh pratio
slike   Iza lelujanja zavese
Bio   Gledao sam kretanje
nebeskog svoda Zadovoljan
položajem svoga tela Odluku
je izmenila slučajna okolnost
Kad sam napokon imao priliku
da se rešim svih neprilika

KAD SAM POŠAO U INSTITUT DA PRODAM TELO

Mislio sam   Neophodno je
Tako sam preduzeo odlučujući
korak Seo za sto
I počeo da pravim skicu
svog tela Crtao sam detalje
Oslobađajući misli
Nagnut nad stolom Pri svetlosti
noćne lampe Svodio sam račune
krišom Da onaj drugi
ne čuje   Neki prijatelji
Koji su me posetili
u toku noći   Nagovarali su me
da odustanem Odustajao sam
u njihovom prisustvu Ali
sam kasnije nastavljao
s radom Nisam
ništa izmišljao Čekao sam da
dođe jutro   Okupaću se
Izmasirati telo pred
jednim velikim ogledalom
Ljubavnički gledajući
torzo

ISPOD MOZGA

Ne mogu više ovako
da se ponašam Svake
noći vraćam se
sa istom glavoboljom
Hoće li neko da me
spreči u tome
Pokazujući mi drvorede
Bašte Žitna polja
Odmerenim pogledom
da me vodi unaokolo
I svake noći vratim se
bez jednog prošlog
vremena Poput prašine
mnogobrojna pitanja
Ispod mozga Ispod
mozga

VAZDUH JEDINO OSTAJE, DRAGI MOJ

Kraj prozora mansarde
prijatelj mi je rekao
Podižući desnu ruku
Vazduh jedino ostaje
dragi moj Kad sam došao
da ga posetim u
njegovom skrovištu
Tamo je odvojen od ljudi
čitao knjige i tumačio
njihova skrivena značenja
Dugo je držao ruku
ponad naših glava
Ponavljajući iste reči
Kako mogu da zaboravim
visoku travu   Kroz
koju sam promicao   Ni
očima ne tražeći izlaza
Da li sam hteo da mu
kažem   Kraj prozora
njegove mansarde   Šta
nas čeka

ODOSTRAG, SHVATI

Bolesni dvojniče
oblak se mračni nad
tobom nadneo Ispuštaš
zvuke kroz probušenu
kožu Plačeš pred vratima
pakla Vremenom na mene
preneo si svoju bolest
Bacio me u neprilike
Koje se njišu Odostrag
Shvati

Promena

UGOVOR

Penjemo se na spomenik. Transformator.
U crnim kaputima.
Ognjena braća.
Snićeni.
U centralnim gradskim zabitima
pomamno telo
raste.
Obelisk.
Niče iz zemlje. Okruglo.
Lejzer.
Nas zanima isključivo
unutrašnji raspored. Sedmi pečat.
Nakot
našeg izumlja. Bez porekla. Sečimice.
Cedimo vosak na isekline.
Vadimo mape iz ranca.
Zbijeni u tesnacu
pišemo ugovor. Tehničke larve.
Bili na dasci.
Obesnici.
Na vrtnoj zabavi. U slikama.
Podigao šesti
prst.

Na osnovu člana drugog. Novog zakona.
Oštricom noža.
Imenujem te dužnikom svojim.
Vlasnikom gradskog vodovoda i kanalizacije.
Parnog kupatila.
Protagonistom smišljenih akcija. U pravnom uverenju.
Medicinskom.
Upravnikom vidnog polja.

PONIŠTENJE

Ugljenisano telo na ulici.
Polutina.
Obavio si posao.
U povišenoj vatri. Krckao orahe.
Za hiljadu godina.
Uvrteo sebi u glavu
da se jutrom
izlažeš suncu. Snimljenim prizorima.
Modrih usana. Šum u disanju. S pojačanim
gušenjem.
Kupio ruzmarin.
U rastvoru mineralnih soli.
Leteo.
Nisi doneo izveštaj. Proverene
podatke.
Prodavao brodove. Naftu. Košulje od najlona.
Bio u putu.
U temelju. Trampio namirnice.
Visiš nad sredozemljem.
Uvošten.
Kad te na pergamentu iseckam. Hlorom
prelijem.

FORMULA

Padaš s krova.
Na dno moje utrobe. Svijenih
krila.
Misliš da me vidar
ugušio. Upalio mozak.
Dvogran.
Skupljao sam u crnoj kutiji plodove.
Semenje.
Mazao te uljem
po celom telu. Javno.
Probio sedam otvora na opni.
Skinuo žiletom
dlačice.
Pljunuo na dlan.
Zarazio. Pljunuo si i ti
na svoj dlan. Doboš. S visine.
Izmešao dve čorbe.
Hranilice.
Udario dlanom o dlan.
Razdelio ispljuvak.

ZLOGLASNI MOJ BRIJAČ

Preko tvog lica.
Lovac.
Odmaram se pokraj
prozora. Na četvrtom spratu.
Vosak. I plamen.
Zatekao si me u zloglasnom položaju.
Izvukao iz fioke.
Vijam s rukopisom. Oblanda.
Sklopio sam oči. Pustio
litice.
Otvorio kutiju. Izvadio gvozdeni brijač.
Mali grč
nad gornjom usnom.
Prineo sečivo
grkljanu.
Slika u senci. Odlazio.
Odmahivao glavom.
LJubio bistu. Odveo sam te na balkon.
Bacio peškir
preko lica.
Umivenih ruku pristupio
poslu.

KLINIČKA SMRT

Ostavio sam vrata otvorena. Vidiš
moju postelju.
Boce otrova. U nizu. Na zidovima.
Dokazni materijal.
Sečeš konop oko ruke.
Žiletom.
Ulaziš u odaju.
Ni slutio
da je krevet drven. Pomoćnik.
Znao si šifru
poruke.
Posledični tok.
Ušao si. Izvukao krevet ispod mene.
Nevidljiv.
Životni istok.
Otvaraš ranu. Skalpelom.
Podvezuješ aortni
luk.
Cepaš čaršav. Trljaš
kožu.

NAMEŠTANJE LEKOVITIH ČAŠA

Ubacujem u grlo s vrha
klupko
pamuka. U cilj.
Ti si naduveno piskaralo.
Stakleni oklop. Crn
vodopad
nad mojom glavom.
Ukrštaš prste. U kosi. U šumarku.
Bereš hajdučku travu. Bacaš
sedlo u blato.
Pustio si konja.
Izvidnicu.
Rasporedio
lekovite krugove.
Na leđima.
Sukrivac.
Pod lažnim imenom provodiš
sa mnom dane.
Zaobljen.
Između jednog i drugog zavičaja.

NEPRILIKA

Bacio sam kamen. Uvis. U testo.
Vratio si mi.
Tada sam ti se pridružio. Pisar za trulim stolom.
U katastru.
Za čiste račune. Poljubio sam te
u usta. Liznuo šuplji zub.
Nisi znao
šta mislim. O ugovoru.
Odredbama.
Izbacio iz šupe domaću životinju.
U groznici.
Izlazio iz odaje
krvavih ruku.
Pun.

U SAMICI

Vreme je da uspostaviš novi
odnos
s predmetima.
Pribor za pisanje.
Hladan tuš.
Zvonio si na kapiji. Bežao
od poverenika.
U moj dom.
Nosio moje odelo. I košulju.
S mrljama od jela.
Opet se priklanjaš pogrešnim
predmetima.
Odoka.
Izmenio si predeo
pred mojim očima. Postavio drvored.
Krvna zrnca.
Odbacio sam knjigu.
Visak.
Naučio tekst napamet.
U samici.

NA TAJNOJ VEČERI

Ostavio si nož.
Na raskršću.
Postavio zamku.
Ispraznio džepove. Drangulije. Hitao
dublje.
U predeo ključne kosti.
Cepaš šavove. Gde sam udvostručio snagu.
Položen
u povojnice.
Pružio dar. Ali ga nisi
okusio. Nisi poznavao običaj.
Trovanja iz ljubavi.
Na tajnoj
večeri.

CRV SUMNJE

Uzimam
krivicu. Što sam te izmislio.
Hranio
štetočinama. Na suvoj zemlji. Biljnim vašima.
Pristao si
na moju hranu. Drvlje.
Halapljivo jeo
sa đubrišta. U zoru
dobavljao
iz trgovačkog centra.
Splet creva. Nize.
Gutaš.
I kosti mrviš.
Ne pokrećeš se. Buljiš
u praznu životinjicu. Krvne sudove.
Iz koje smo oba
čupali mesni sadržaj.
Niže.
Skupljaš se
u svoj stomak. Mene čekaš. Na psihološkom planu.
Da učinim istu grešku.

S MESTA DOGAĐAJA

Podižeš glavu s knjige.
Pokazuješ mi mesto za stolom.
Pitaš koliko ostajem. U vidnom polju.
Za sekundu.
Polazim za tobom
u dno stepeništa. Otvaraš peć.
U čudu dižem pogled.
Šesti prst.
Opisujem krug. Kredom. Oslepljen
prizorom.
Uoči odlaska.
S mesta događaja.

POSLEDICA

Usta na usta. Pljuješ.
Sipaš.
Do krajnika. Imaš
gvožđe u ustima. Guraš mi pljuvačku
u oba plućna krila.
Letim.
Jednjak. Želudac. Padam.
Svitak.
Do debelog creva. Gusta tečnost.
Blesneš u sekundi.
Kroz otvor.
Promenjen. Svetski produkt
celivaš.
Umno.
Žut.

Svrab

PETNAESTOG OKTOBRA:

izvadio sam mašinu, iz crne kutije,
stavio, na sto, od orahovine,
i naumio, da pišem, knjigu: svrab:
ujed,
nervni grozd, bolesna koža.
Taj nadražaj:
jurnuv kroz pokožicu,
krzno,
kroz duboko tkivo,
u dno, zemlje,
u plafon,
neba:
pipkao, čačkao, šupljinu,
bistrio, um,
siktao.

POGLED TVORCA

Pod lupom, motriš: u obimnoj laboratoriji:
krive kičme,
oka uprtog, u hladno staklo:
kažeš: najpre: kopno.
U vodi: gorka pilula, šišti:
u mrtvaji,
ogoljen, odran, kosmičkim kamenom,
cediš, dren,
na kožu, u otvor, sna.

MERA, ČIN I

Stavljaš na preciznu vagu prah, belkast,
na dlan,
il, na jastuče prsta:
dva-tri-četiri, pet-šest-sedam:
brojiš crte, na čelu,
utke,
masne ljuske.
Nenadvladana, kuješ zvono,
za uzbunu,
ojačano, za kraj,
u zapečaćenoj, sobi: prvenci, poređani,
u jednakim razmacima,
preparirani,
za:
sitnog, bubuljičastog, čitača, u biblioteci.

GRČ, NA LICU, U KADI

Smišljam novu pripovest, a ti: u kupatilu:
sipaš suze, plodne,
za labudom.
Zivkaš:
ulazim osokoljen, inficiran:
grč, na tvom licu:
vrh, igle, usmeren, u sisu.
Bešumna,
prevrćeš se u kadi, u peni: moj lik,
krnj,
crtež, Proserpine, bez oka:
glava, pod haubom,
zavetovana.
A ti se ljuljaš, kad, parnjak,
zborim.

APOTEKA KOD "LONDONA"

U osvit, oslonjen o zid: tu je bila zgrada,
apoteka:
sanduk, s bočicama.
Tu si mirisala pečurku, pila: kozje mleko,
tražila, po rafovima,
pod klupom,
u kučini: ptića,
i vezla čaršav, svadbeni,
i crtala,
kolevku, na prsima.
I, oslonjen o zid, pitao sam:
gde je, zgrada, s krstom,
mrtvačnica,
sa zatvorenim kapcima: dubok rudnik,
gejzir.

RAČJE MESO

Znojna, uvlačiš jezik, u sluz:
uzvišenje,
uzvišeno osećanje:
trk, za mesom raka, trk:
tok, pošipa, na obrvi, svetao,
izvan korita,
prema tvojim usnama:
ljubičasta stena, nad baštom, u Dubrovniku:
slatki listovi račjeg mesa.
Bodeš prst,
kad izvlačiš, povijena, smolu:
golub, krvav,
povlači se, po betonu:
prinosiš, račje meso, nozdrvama, dišeš:
misliš:
hrpa crva.
Naduvena: u trbuhu, pod majicom.
U tankom prstu:
srs.

"DAMA S HERMELINOM",
PRVA LJUBAVNA PESMA

Izvajan vrat, izvijena ruka,
puna usta, hladno čelo,
sveže uši,
ramena-kruške,
dah milosti, usmeren, kultni, ah oči,
grlo,
grlo,
vežem se, s tobom, pod pokrovom, u polju.
Čeoni lanac.
Početak je bio dobar,
negovan stil,
al gde su:
metež, krvava mrlja, na košulji,
meka duša,
drama, probušena vena,
ognjište,
gde: luksuzno telo životinjice,
iste noge,
pogled,
ah, i moja vrteška, na zidu,
kad dunu vetrovi,
sudnji,
iz grla, grla.

DOSJE, VARIJANTA III

Vreme je da ustanem od stola, promisliv:
ako napustiš, kožu, il menjaš,
gubiš je zauvek,
u prah nestaje tvoje telo.
Vreme je da pođem u kupatilo, skinem zavoj,
gaze, ulepljene listove,
istočim špric:
oslobođen,
otok:
umirujem ga, pritiskom prsta,
sporim povlačenjem,
po krstu.
Vreme je, zguren, da ustanem od stola,
da letim,
sklopiv oči pred likom vraga:
zgulio si skramicu, promenio kožu, iglastu,
popio, ah, vrelu kašu, i smislio:
drugo lice,
za razgovor, u knjizi.

SMRT KNJIGE

Nisam li slutio: tek u javi počinje muka,
kad se knjiga udeblja,
mastilo prolije,
sklope korice, s poštanskim žigom:
planirana smrt: na slici:
upletene ruke, i noge, u grane,
koža se cepa,
uvojci,
njišu.

"O"

1990, MAJ 21, 11 59′ 59′′, BEOGRADSKI METRO

Ne pretvarajući se, u šumi, pošao sam
na dalek put. Ispratili su me, iako
nije bilo pogodno vreme
za rastanak.
Hodao sam ivicom puta, i tu sam se
predao mislima. Došao sam.
Niko se nije šunjao oko kuće.
Nije bilo života.
Ušao sam.
Na poslednjem spratu otvorio sam prozor,
raširio ruke,
lestve.
Lebdeo sam. Nisam skrenuo pogled,
svetlost je šiknula.
Stalo je srce.
Video sam pre
potopa.

BEKET NASTASIJEVIĆ DIKAS

Pustinjak – na gori sa koje
pogled seže u bludni grad.
                        Koji brsti kupinu,
kraj vatre – vesela
stasita figura koja
se skriva među
slobodnim graditeljima.

PROTIVNO

Jedan soj, il
drugi. Kad se
ni račundžijski – ne može izbeći
dogma. O
tom nizu reči
želim da pevam. Ali
šta me odbija? Slabo
zdravlje? Tematsko
predavanje?

VESELA PIJACA

Beli novac pada
usred gomile, tu sasvim
blizu moje kuće
na pijaci.
Vražja napast tako
se lepo snalazi! Među
svojima je svoj, tuđinima
strah i trepet uliva.
Gledao sam malo po strani
kako se trguje, ruka se u
ruku pušta, pritiska
na grudi svak s
mukom i strašću stečeno dobro; zeleno i
žuto blagostanje iz prirode.
Ni muzičke nacifrane kutije, ni
blebetanje, niti publika
sa druge strane neće pustiti
lopova.

"I PADOH NA ZEMLJU"

S puta sam sišao
padinom, u šumu, na
potpuno nepoznat
teren, oko podne.

Iz grada sam pošao u
drugi grad, da uzmem
što mi pripada, što
se uzeti može.
Imena
su nepotrebna – ni
kako hodaju ni šta
gledaju – dovoljna je
zakona istorija.
Više se tu skupljala i
širila.

LAKOVERNO

Svet nakaza;
              tako je započeo svoj
govor.
Siromašnom
stanovništvu.
              Odvojio sam se, ali
sam prerušen. Ne sudite olako. Taj
glas je bodrio životinju pod
mojim pazuhom. Mašinu
uzdaha. Klasnog
gavrana.

IZJAVA

To je priroda.
                Ovo je moja ozbiljna
izjava, i ona se
ima poštovati.

"NE BOJ SE, NEGO GOVORI, I DA NE UĆUTIŠ"

Taj zračak
ka izbavljenju, kad u
druge podignem pogled.
              Bez odziva ostaje
odluka da skupim kolena,
da se spustim pod
ćebe, sa šupljim
tabanima u
sirćetu –
        lako prolazi moj san. Na
ulicu silazim
osvetljen bočno i
kroz stomak – gledam u
druge koji na ulicu
silaze ispunjeni
radošću, kako
udaraju
cipelama, podižu papir, krivim prstima,
rastaču potoke meda.

1990, MAJ 21, 12

Video sam crnu rupu, ispod brda,
prikaza očigledno tone,
video sam grad u oblacima i
vodu u bazenima.
Spuštao se padobran tu gde stojim.
Zatvorio sam prozor
i navukao zastor. Uzeo sam knjigu sa stola,
sišao sam.
Na ulici video sam oznake i pretvorene
dućane. Raširio sam ruke.
Na obojenim zidovima lebdela su uputstva,
između neba i zemlje.
Izišao sam iz grada.
Hodao sam sporo ivicom puta. I
tu sam nad otvorenom knjigom
skinuo odelo. Poleteću,
unakrst.

Naopako

KAKVA PATNJA

I ono korito može da bude njegova
letilica; okolo je nevidima smola.
Samo da iza ugla
zamakne,

        i da se podigne;
        kad je još uvek
        u dnu korita, i
        kad su noge same, i svezane,
        kad se budi, i ne može
        da krene, je l mahne?

KO JE OVO

Jedva čekam da dođem i da
te vidim. Kad bih znao
odakle si ti došao.
Ovo je taj sneni prostor?
Ali nije goropadan.
Ma koliko da postoji.
Obnovljen i repat.
Šta je sad ovo? I dalje ista napetost.
Zato te još nema. A
to? Vidim noga je već tu;
usamljeni pokušaj.

A to mu je rana s kojom se nosi.
Nije mu išlo drukčije. A
bolje da je sliku ostavio, i
otišao. Čestito mu bilo?

NA STRANI ONIH

Video sam sobu iz koje sam izleteo: boca sa
kiseonikom, talasasta sonda;

samostalno učešće u vazduhu.

Glas se susreće sa epigonom.

Šta ti tražiš ovde? Ovo nije

                    tvoj pacijent.

IZ TROUGLA

                    halapljiva je
nada. Imam mašinu;
ona je pod vlašću neba.
Evo šta na njoj vidim, i
šta iz nje mogu da vam saopštim.
Osetim porast čula.
Utegnuta je kaišem; oblepljena
medom. Uvlači se bez
prestanka; na suprotnoj
strani se naduvava. Ne ispušta
dim, ne čuju se klobuci.
Samo poskakivanje telesine; leti
paperje. Zato što me
podstiče i zato što se
smeška, jesam li disao?

MUKLA NADLEŽNOST

Upinjem se, da radim. A
mrak blagotvorno deluje?
Ostavio sam lažni zanos.
Na istom sam mestu; na
ulovljenom skupu, sa
prepredenim vizionarima.
Želeo sam da steknem
neposrednije iskustvo. Šta
je tamo presudilo? Lelujanje.
Ukidanje marljivog rada. Ne
može da traje danonoćno dugo.
Usprotiviću se svakom
pokušaju tužioca. Zna
li on gde se smaknuće dogodilo?
Ima li ozbiljniju ponudu?

Sećam se kako sam krenuo;
nisam znao baš kuda.
Izvan novog načina života?
Izvan Paučine?

ZAISTA KORISNO

Ispustio si; dobro si učinio.
Ionako su pogledi bili
podignuti. Nisam porušio zid.
Želeo sam, i tamo i ovde, da zamenim
plavet. Koja ponekad pomaže?
Koja se stalno menja? Gde bih
nego dole razvio zanesenjaštvo?
Ono što mi je dugotrajni boravak ovde
uskratio.
Kako to skepticima da saopštim?
A gledali su me dok sam ulazio.
Vratio sam se na stolicu?

NAUŠTRB SLIKE

Nadmudrivaću se; iz koprene
postaćeš nešto; a ja sam se zaneo, balkanskim
planom.

Sasvim tanki, providni, moji prsti
me uvode u prazninu, koja se trese,
koju treba da prepoznam, da satrem.
Nisam li se tek zahuktao?
Svuda ću po tabanima ispisivati
problematična i ćudljiva pitanja;
zaista, nije li moje, ma koje, nečujno pitanje
samo okvir za delovanje privida?
I za žalobne pesimiste?
Koji ostavljaju, negde pod krevetom, nadam se,
sve pripremljeno za pogodan čas.
Zbog te pomisli, postaćeš stub,
osvrnućeš se na poj sirene. Koje sirene?

DA PRIVEDEM KRAJU

A takvi ovde ne opstaju. Idi
dalje; i javi im se odande. O
čemu svedoči naoko umetnost.
Šta ću ja?
Bojim se visine?
Hteo sam da me nema. Zaista?
Onda se nemoj osvrtati.
Sviđalo se to nekome ili ne.
Opet skupljam fragmente,
nema im cene.
A ne znam da ih sklopim?
Vijori se zastava, izdaleka.
Neophodno mi je da se spustim;
nisam ni pomislio da zabavljam skup.
Nego bih mu uvek govorio, u
lice, o smanjenoj mašini, o
bezbednom snu, u bunkeru.
Ko je kriv? Pa i ono –
šta hoće taj? Ako me
pamćenje ne vara.

ZA BLIŽE PROUČAVANJE

Jednom već moram da završim sa ovim
pevanjem.
Slomljen je vrat.
Što sitniji su komadi.
Nek se izgube i slova?
Spominjem slomljeni vrat, iako poruka
nije dovoljno jasna.
Usledilo bi tumačenje, nakon saslušavanja.
Koliko treba šminke za negu obraza?
U ovoj unosnoj građevini još dugo
ću ostati usamljen? Pod
uslovom da i dalje
beležim ushićenja.
Koja ožive proizvodnju, i
spreče krah.
Gde god je to bilo moguće. I u
samoj zgradi. Uspešno
je leteo. Kako kaže.

Nešto imam

Ovako si me nagovorila, iz davnine.
J. i piši.
U tutnjavi. Nećeš nestati.
Ovako si me utešila.
Još i drmusala.
Meh. U tamnici.
A u ropcu nisi.
Treća. U prirodnom redosledu.
U kaznenoj opni.
Dušo, u tamnici.

Prošao sam kroz zid.
Završilo se.
Prešao sam zauvek.
Ne pomerivši se.
A ne znam šta je.
Vrtelo se.
Što se desilo.
Blisko. Jednakoumno.
Al postoji praznina.
Slobodna granica.

Gde čekam zemnu smrt.
Da li sam išta prepoznao.
Što me mami.
Prvo prikazivanje.
Nepovratno. Belo seme.
Raspaljeno. Pod grimasom.
Samo pamtim.
Šta bih još učinio.
U jednostavnosti.
Gde sam boravio.

Moje je telo razneto. U eksploziji.
Spuštao sam se ulicom neprimetno.
Kad me iz ugla pozva zloduh.
O čemu zaista priča.
O dvojakom ispitivanju.
A o istinitom poveravanju.
Još više kad čujem gromku reč.
I vidim probušenu sliku.
Još i ako pređem.
U večno dodirivanje.

Spasonosno. Ostavio sam.
Promenilo se već na ulazu.
Ustreptalo. U nevolji.
Uskoči vražje dete u pećinu.
Strese se i ode.
Nađoh se sablazniji.
Sred veselog događaja.
Da li se od mene odvaja.
I kikoće. Šta mi radi.
Nisam znao.

Ništa se drugo ne događa.
Samo je umirljivo veselje.
Oko središta pećine.
Sav sam crn. Nisam u istoriji.
Šta je unutra. Gipko telo.
Već sam ubrzano disao.
Teret sam izgubio. Nenasit.
Učio sam da se vratim.
Kako da ostavim.
Što sam odgojio.

Da je nađe ko je u smoli.
Da je uzme ko u okov uđe.
Pećina je uzmicala.
Posmrtno.
Mirno sam izašao.
Nisam je ostavio na vidnom mestu.
Ni pustio pogledu poznavaoca.
Ostao sam. Nekadanji.
Uzeće je. Ulaznik.
Da se skupi.

U strasnoj pećini.
Ostala je netaknuta biografija.
Gde da je ostavim.
Toliko se za mene vezala.
Nije ni izgled sačuvala.
Tako je radosna.
Odbacila. Rebro.
Opet je u mraku.
Bez daha.
Ostajem. Opis. Netačan.

SRCE MOJE

Ispalo si iz okova.
Okov je u oblaku.
Prapriroda je na zidu.
Gusta, što se zna.
I vodi neznano kud.
Da ti nije dosta sveta.
I to ne u knjizi.
Već u lj. pokliču.
Stalno mi se vraćaš.
Srce moje, neko kuca.

Protiv Poezije

DUET LAŽI

Rastegni me pa biću tvoja

Ti si takmac samo novi

Pobeleće mi sve najednom

Pusti dušu da živimo

      Deo je pamćenja i nije teško
      opirati se različitim zahtevima

      koje sam već zaboravila.

"ON ZNA"

Nisi izvukla kost
nego si kost za dar bacila "On zna
jabuka kako cveta i ko sam ja"
Dražesna smrti obmotaj me Sutradan
oblij me plava smolo

                      Opet si podigla kapak mlađana
                      pa si me srušila.

KRIK

Na zemljici bestidni konopčić
S druge strane skuplja se ološ Tako znaš

gola ludo da mi spremiš
podvijena u suknjici ono korito
bazen bola što postoji pa ga nema
čorbu s otrovima pa da bežim

Tako znaš pouzdano.

KOBNA SPONA

(1)

Ne odbeže od grehova nego
slabašna pade u krevet

Nadvisila si prvog i poslednjeg
Još i u san da se stropoštaš
Kad već nisi u vazduhu uspela
Kad nisi hleb na žaru
Zahvaćena cviljenjem mrtvog jedinog.

(2)

Tad preko nemih usana U osvit
Saopšti mi da bi me prenerazila
Sklona sam približavanju

I spusti se još niže da bi me ujela
Pa se još i prejela
Pisnula pet-šest puta dozivajući pomoćnike
Lakši su oni a jeza me progoni.

TRULJENJE

Dugo se rastajemo vinovnice

Neće valjda naš rastanak
smrt da prekine
pa da u kovitlacu pomoćnici vide

šta sve mogu

        smotana usta a ne
        debele masti jetre.

PRE SPASIOCA

Šta da počnem s tom suviše opasnom figurom

Dopusti da potone

Neka sudeluje nevidljiva
pretežno neshvatljiva
koja obuhvata sva obličja

koju sam ostavio da okreće leđa

i leži u mračnom okrugu.

MRAČNA VILA

Kad se upustih u njena nedra
                        ništa nisam uzeo

                        nije me prepoznala

                        postade groteskna

                        svima dobro poznata

Tad usnih neodređeno nešto
i hitah slep i slab k njoj.

POVODOM *IZBORA* MILUTINA PETROVIĆA

Milutin Petrović je u ovaj *Izbor* uvrstio pesme iz sedam svojih zbirki. To su *Glava na panju* (1971), *Promena* (1974), *Svrab* (1977), *"O"* (1990), *Naopako* (1991), *Imam nešto* (1996) i *Protiv Poezije* (2007). Posle *Stihije* (1983), ovo je njegova druga knjiga izabranih pesama. Ona je potpuno različita od prethodne, s obzirom na broj zastupljenih zbirki i na složenost odbira građe za jedno izdanje veoma ograničenog obima kao što je ovo, kad se trebalo najpre odlučiti za izvesna merila. Kakva god bila, merila ne isključuju nedoumice: pre ili posle, ona ispadaju polovična i nedovoljna da opravdaju predstavu o nekoj relativnoj celini koju slučaj, u vidu kakvog trenutnog raspoloženja ili utiska, uvek preti da poremeti. Ovde se međutim dolazi na pomisao kako ove pesme, privremeno oslobođene konteksta zbirki kojima pripadaju, valja posmatrati u funkciji uzoraka karakterističnih za jedan veoma odmeren i složen pesnički postupak u njegovom postepenom i sistematskom širenju. Gledajući iz tog ugla, i sam naslovni pojam, izbor, imao bi unekoliko dvojaku namenu: on se ne bi odnosio samo na ovo izdanje nego i na celinu jednog pesničkog opredeljenja, jednoga od mogućih, ostvarivanog po slobodnoj volji i s punom svešću o njegovim ciljevima i posledicama. Opredeljenja koje Milutina Petrovića čini jedinstvenom pojavom u našoj savremenoj poeziji.

U čemu bi se ono sastojalo? Po prirodi stvari, na prvo mesto dolazi pitanje stila. Pre Bifona, još je Paskal stavio čuveni znak jednakosti između stila i čoveka. To dakle nije samo skup svih sredstava koja sudeluju u oblikovanju izraza; to je i način na koji se uspostavljaju odnosi kako prema predmetu kazivanja tako i prema samim sredstvima. U poeziji je to ona osobenost poteza, po kojoj neki uživaju povlasticu da im se otprve raspoznaje ruka. Petrović je rano stekao tu povlasticu. Ako je umeo da je prihvati i sačuva, time nije rečeno da mu je poklonjena. Ona se javila kao proizvod dva važna činioca iz senke, iscrpnog čitanja i kritičkog rasuđivanja o upotrebi pesničkih sredstava. Gradeći svoj izraz, Petrović se odrekao arsenala tradicionalne a dobrim delom i moderne poezije, raznih simetrija, melodije, tropa, opisa, naracije: sve se to zaobilazi izdaleka, s neumoljivom i gotovo okrutnom doslednošću. Prezir prema standardnim tekovinama pesničke veštine ispoljava se naporedo sa staranjem o što većoj ogoljenosti i neposrednosti iskazanoga. Nema nikakve inercije, ni najmanjeg prepuštanja zavodničkim sposobnostima jezika. Je li tu ostalo štogod od onog slavlja, od one igre o kojoj je svojevremeno govorio moderni pesnik? Ako jeste, ona se ovde igra po drugačijim pravilima, po kojima se dosad primenjivana sredstva mahom zabranjuju za dalje korišćenje. Ta je zabrana suviše načelna i dalekosežna da bi se svela na pitanje ličnog ukusa. Iza nje stoji ceo čovek sa svojim poduhvatom, to jest izborom, a otuda i s nedvosmislenim odbijanjem da pod okriljem ideja o pesnikovom pozvanju i o službi peva u nekom horu starijeg ili novijeg datuma, svejedno. Za Milutina Petrovića tu nikad nije bilo nagodbe. Njega naprosto ne zanima da se prerušava, da glumi; ne privlači ga prastara i u narodu cenjena uloga zabavljača. Za njega je to uslov da se spase dostojanstvo same one igre. Tamo gde se za modernog pesnika slavlje okončalo, gde ostaju samo pepeo i izgaženi venci, za Milutina Petrovića sve tek počinje. Redukcija sredstava uvodi nas u njegov odnos prema formi. Već odavno je tradicionalna lirska forma otišla u paramparčad. Izgubila se granica između stiha i proze. Fragment i montaža postali su takoreći idealna osnova na kojoj se pomiruju svest o razorenoj formi i čežnja za celovitošću. Sve se može zakrpiti da izgleda kao novo; Petrović misli obrnuto. On pronalazi mogućnost da se razaranje nastavi u samom fragmentu. Iz njega se naime otklanjaju neki elementi konteksta, mahom ono što bi ukazivalo na njegovo poreklo ili okruženje, što bi imalo neku eksplikativnu funkciju. Ne zato što bi to izgledalo možda preopširno ili čak suvišno, kao što neki misle, nego zato što bi takvi elementi obavezno vukli prema onim stereotipnim rešenjima koja se izbegavaju od samog početka. Izostaje dakle mnogo toga što se inače pružalo na tanjiru: govori se krajnje eliptično. Nekima to liči na hermetizam; ali tu nema nikakvog hermetizma, jer nema nekih značenja koja bi trebalo krijumčariti, naprotiv. Reči se izdaju tačno za ono čime su objašnjene u rečniku; i u ime te tačnosti one se katkad ponavljaju ili se naglašavaju grafijom, izdvojene u poseban stih. Poslednje uporište forme, rečenica, biva pretvoreno u lapidarni iskaz kojim se određuju neko stanje ili radnja, uspostavlja se odnos prema nečemu, ocrtava se bitna pojedinost nekog položaja ili sukoba. Zatim se ti pojedinačni iskazi, oskudni i na prvi pogled neutralni, okupljaju tragom teme u razigrane nizove koji obrazuju više kontekstualnih ravni, tvore mrežu analogija i asocijacija, održavaju boju i ton dikcije, uzajamno se nagoveštavaju ili podrazumevaju, ali napreduju s mnoštvom sinkopa i nikad se ne povezuju do kraja. Tako mora biti, jer ne postoji namera da se u fragmentu izgrađuje privid celine. Sve ukazuje kako Petrović ne posmatra fragment na tradicionalni način, kao neko kvantitativno određenje, niti u njemu nalazi gotovo formu; reklo bi se da on u fragmentu sagledava oblik postojanja pesničkog govora, ako ne i govora uopšte. Opažamo i dodirujemo samo fragmente, u poeziji jednako kao i u životu. Pesma dolazi iz ćutanja i vraća se u ćutanje: nju valja zadržati u tom magnovenju, zaustaviti je u kolebanju između dva muka, dok reči još traže jedna drugu, bliže se jedna drugoj u čistoti svojih značenja; dok se još nisu nepovratno spojile i poništile tim spajanjem, prelazeći u nešto ukalupljeno i tuđe, u neki latentni stereotip. Zato forma, čini se, treba da sačuva trenutak beleženja teksta. Ona rekonstruiše taj trenutak i postoji, u isti mah, samo kao taj trenutak rekonstrukcije. Teško je zamisliti neku "otvoreniju" formu, koja bi s jedne strane manje ograničavala i uljuljkivala čitaoca, a sa druge više iziskivala od njega, stavljajući ga pred svoj prvi uslov za ovladavanje tekstom, to jest u položaj lirskog subjekta.

Pesma je nešto po sebi dinamično i prelazno; ona je promena; ali je uvek i neko obraćanje, prisustvo glasa. Ona nikad ne može biti bezlična, ma šta se inače o tome mislilo. To je ono bitno svojstvo koje nju izdvaja od ostalih književnih tvorevina. Malo je reći da ovaj pesnik ima to u vidu; kod njega to svojstvo postaje osnova za gradnju teksta. Sve što se dosad spominjalo, sredstva, stil, forma, podređeno je živom glasu kojim govori lirski subjekt. Načelno uzev, subjekt je takođe jedna beskonačno promenljiva vrednost; ali za Milutina Petrovića to nije neka provizorna i neobavezna konstrukcija, to je ključ konteksta u kojem nastaju i pojedinačne pesme i čitave zbirke, perspektiva iz koje se uočava jedinstvo postupka i ostvarenja. Za njega se naime ni problem lirskog subjekta ne postavlja kao tradicionalni problem pesnikovog ruha, s tim je on već raščistio, nego kao problem neizbežnog i neotklonjivog udvajanja samog tog subjekta. Jer i kad nastoji da govori isključivo u svoje lično ime, pesnik otkriva kako govori kao neko drugi. Nije reč o dvojstvu svesnog i nesvesnog, ili je najmanje o tome reč. U pitanju je udvajanje koje počiva u prirodi govora, koje za pesnika postoji kao unapred dato i koje onemogućuje da se uspostave jedna ravan posmatranja i jedinstvena hijerarhija stvari, gde se u ogledalu izraza biće ne bi izobličilo. Jer govor kao takav nije pesnikov govor: to je zbir složenih konvencija koje njegova osećajnost i njegovo iskustvo počinju od prve reči dovoditi u pitanje. Tu nastaje izvestan rascep kojem se ne može stati na put, ali se on zato može uvažiti i postati polazište. Čini se da bi to bilo polazište i one drame lirskog subjekta koju kritika nalazi u Petrovićevoj poeziji. Koliko god okrenuta spoljnom svetu i čulnoj stvarnosti, njegova poezija nosi obeležje te drame koja se nastavlja i ne razrešava, budući da je to drama stvaranja. Spolja ona dobija samo neophodne podsticaje kako bi se obnavljala i zaoštravala, prisećajući se svoga dualizma. Govor te drame i njenog protagonista, lirskog subjekta, javlja se najčešće pod vidom meditacije ili rasprave u čijem središtu ostaje predmet stvaranja, poezija. U takvom poretku podjednako nema mesta ni slavlju ni pobuni. Ima samo glasa koji sebe osluškuje dok narušava tišinu, glasa koji živi svoj izbor. O tome govori među ostalima i jedna pesma koja sticajem okolnosti nije ušla u ovu knjigu. Njen naslov glasi "Poezija snova":

Poezija je ironija,
ideš u susret jednom,
nabasaš na drugo,
prestravljen, staneš,
zatvoriš krug,
u plavetnilu,
predmet bola,
poezija, visi u vazduhu,
proizvod od sumpora,
bila je, preživela,
podvala,
treba ostaviti pisanje poezije,
ovako.

Beleška uz ovu knjigu je pokušaj da se Petrovićevo "ovako" potkrepi s nekoliko ličnih zapažanja koja se odnose na njegov postupak. Ona nisu nova. Štaviše, možda bi se ponešto od onoga što je ovde rečeno moglo odnositi i na neke druge pesnike, koji su drugačije usmeravali svoja traganja. Ako je tako, to bi mogao biti posredni dokaz kako putevi pesničkog stvaranja, ma koliko izgledali odudarni i nesamerljivi, ipak nisu proizvoljni. I obrnuto, koliko god nam se činili neočekivani i nepredvidljivi, oni su po sebi razumljivi a katkad i gotovo iznuđeni. Ovo poslednje bi važilo naročito za Milutina Petrovića. On zahteva da se stvaranje uvek iznova potvrđuje kao bezuslovno prevazilaženje stvorenoga i njegova imanentna kritika. Takvo stvaranje podrazumeva svojevrsnu askezu, koja pada u oči kad se ispituje njegov odnos prema veštini i prema jeziku. Iz te askeze potiču njegov izbor i njegova osobenost. Da bi se dobilo nešto, treba uložiti sve. No da bi se stvorilo nešto doista novo, ne sme se ulagati ništa nalik tuđoj imovini. Na čemu se temelji tolika strogost? Po jednom mišljenju koje nije sasvim usamljeno, bilo bi to neograničeno poverenje u moć reči. To zvuči dovoljno poznato da bi tu moralo biti neke istine, primenjive na mnoge pesnike, samo ne, reklo bi se, na Milutina Petrovića. Njega nešto drugo čini jedinstvenim. Jeste poverenje, i jeste neograničeno, ali će to zacelo pre biti poverenje u ono što ostaje izvan domašaja reči, što ne podleže ni igri ni prevari, i što jednostavno nazivamo neizrecivim.

Borislav Radović

SADRŽAJ

Glava na panju
Da li bi mogao neko drugi umesto mene da mene nije   5
Labud gleda, glavu ne pomera   6
Moj dobri miš   7
Ponovo, on   8
Gledao sam kretanje nebeskog svoda   9
Kad sam pošao u institut da prodam telo   10
Ispod mozga   11
Vazduh jedino ostaje, dragi moj   12
Odostrag, shvati   13

Promena
Ugovor   14
Poništenje   16
Formula   17
Zloglasni moj brijač   18
Klinička smrt   19
Nameštanje lekovitih čaša   20
Neprilika   21
U samici   22
Na tajnoj večeri   23
Crv sumnje   24
S mesta događaja   25
Posledica   26

Svrab
Petnaestog oktobra: *27*
Pogled tvorca *28*
Mera, čin I *29*
Grč, na licu, u kadi *30*
Apoteka kod "Londona" *31*
Račje meso *32*
"Dama s hermelinom", prva ljubavna pesma *33*
Dosje, varijanta III *34*
Smrt knjige *35*

"O"
1990, maj 21, 11 59' 59', beogradski metro *36*
Beket Nastasijević Dikas *37*
Protivno *38*
Vesela pijaca *39*
"I padoh na zemlju" *40*
Lakoverno *41*
Izjava *42*
"Ne boj se, nego govori, i da ne ućutiš" *43*
1990, maj 21, 12 *44*

Naopako
Kakva patnja *45*
Ko je ovo *46*
Na strani onih *47*
Iz trougla *48*
Mukla nadležnost *49*
Zaista korisno *50*

Nauštrb slike *51*
Da privedem kraju *52*
Za bliže proučavanje *53*

   Nešto imam
[Ovako si me nagovorila, iz davnine.] *54*
[Prošao sam kroz zid.] *55*
[Gde čekam zemnu smrt.] *56*
[Moje je telo razneto. U eksploziji.] *57*
[Spasonosno. Ostavio sam.] *58*
[Ništa se drugo ne događa.] *59*
[Da je nađe ko je u smoli.] *60*
[U strasnoj pećini.] *61*
Srce moje *62*

   Protiv Poezije
Duet laži *63*
"On zna" *64*
Krik *65*
Kobna spona *66*
Truljenje *67*
Pre spasioca *68*
Mračna vila *69*

Borislav Radović: Povodom *Izbora* Milutina Petrovića *71*

CIP - Katalogizacija u publikaciji
Narodna biblioteka Srbije, Beograd

821.163.41-1
821.163.41.09-1 Petrović M.

PETROVIĆ, Milutin
  Izbor / Milutin Petrović. -
Beograd : Rad, 2007 (Lazarevac : Elvod-print). -
81 str. ; 18 cm. - (Reč i misao ; knj. 585)

Tiraž 500. -
Str. 71-77: Povodom Izbora Milutina Petrovića / Borislav Radović.

ISBN 978-86-09-00975-4

a) Petrović, Milutin (1941-) - Poezija

COBISS.SR-ID 144097804

Nauštrb slike *51*
Da privedem kraju *52*
Za bliže proučavanje *53*

   Nešto imam
[Ovako si me nagovorila, iz davnine.] *54*
[Prošao sam kroz zid.] *55*
[Gde čekam zemnu smrt.] *56*
[Moje je telo razneto. U eksploziji.] *57*
[Spasonosno. Ostavio sam.] *58*
[Ništa se drugo ne događa.] *59*
[Da je nađe ko je u smoli.] *60*
[U strasnoj pećini.] *61*
Srce moje *62*

   Protiv Poezije
Duet laži *63*
"On zna" *64*
Krik *65*
Kobna spona *66*
Truljenje *67*
Pre spasioca *68*
Mračna vila *69*

Borislav Radović: Povodom *Izbora* Milutina Petrovića *71*

CIP - Katalogizacija u publikaciji
Narodna biblioteka Srbije, Beograd

821.163.41-1
821.163.41.09-1 Petrović M.

PETROVIĆ, Milutin
 Izbor / Milutin Petrović. -
Beograd : Rad, 2007 (Lazarevac : Elvod-print). -
81 str. ; 18 cm. - (Reč i misao ; knj. 585)

Tiraž 500. -
Str. 71-77: Povodom Izbora Milutina Petrovića / Borislav Radović.

ISBN 978-86-09-00975-4

a) Petrović, Milutin (1941-) - Poezija

COBISS.SR-ID 144097804

Milutin Petrović IZBOR
Izdavačko preduzeće RAD Beograd Dečanska 12
Za izdavača SIMON SIMONOVIĆ
Štampa Elvod-print Lazarevac

www.ingramcontent.com/pod-product-compliance
Lightning Source LLC
Chambersburg PA
CBHW071734040426
42446CB00012B/2356